AF222924

Mandalas Weihnachten

Wunderschöne weihnachtliche Motive zum Ausmalen.

Kinder können sich stundenlang mit Mandalas beschäftigen. Deshalb gibt es viele Erzieherinnen, die Mandalas in Kindergärten einsetzen. Das Ausmalen fordert Geduld, Farbgefühl und Konzentration. Das fertige Mandala wird so zum individuellen Erfolgserlebnis.

Mandalas werden bis in die heutige Zeit als Meditationshilfe verwendet. Die Anordung um ein Zentrum hilft bei der Findung der inneren Mitte und entspannt den Geist in einer heutzutage immer schneller und lauter werdenden Umwelt.

Es macht Spaß, die Wirkung beim Ausmalen selbst zu erleben!

Alle MANDALA-Bände dieser Reihe:

· Mandalas Rund um den Bauernhof
· Mandalas Pferde
· Mandalas Autos
· Mandalas Weihnachten
· Mandalas Elfen Drachen Zauberer
· Mandalas Alphabet
· Mandalas der Kelten
· Mandalas Ornamente
· Mandalas Liebe Rosen Herzen

Printed in Germany · Herstellung und Verlag: Books on Demand GmbH, Norderstedt · Zeichnungen: Andreas Abato · 1. Aufl. 2007

Die Bedeutung der Farben

Rot   Liebe, Leidenschaft, Ausdauer, Kaft

Blau   Ruhe, Kühle, Entspannung, Frieden

Gelb   Licht, Aktivität, Freude, Freiheit

Orange   Lebensenergie, Freude, Mut

Grün   Natur, Kraft, Leben, Hoffnung

Rosa   Weiblichkeit, Sanftmut

Violett   Selbstbestimmung, Geist, Glaube

Schwarz   Würde, Standhaftigkeit

Weiß   Unschuld, Reinheit, Klarheit

© 2022, Andreas Abato
Herstellung und Verlag: BoD – Books on
Demand, Norderstedt
ISBN:9783833492099

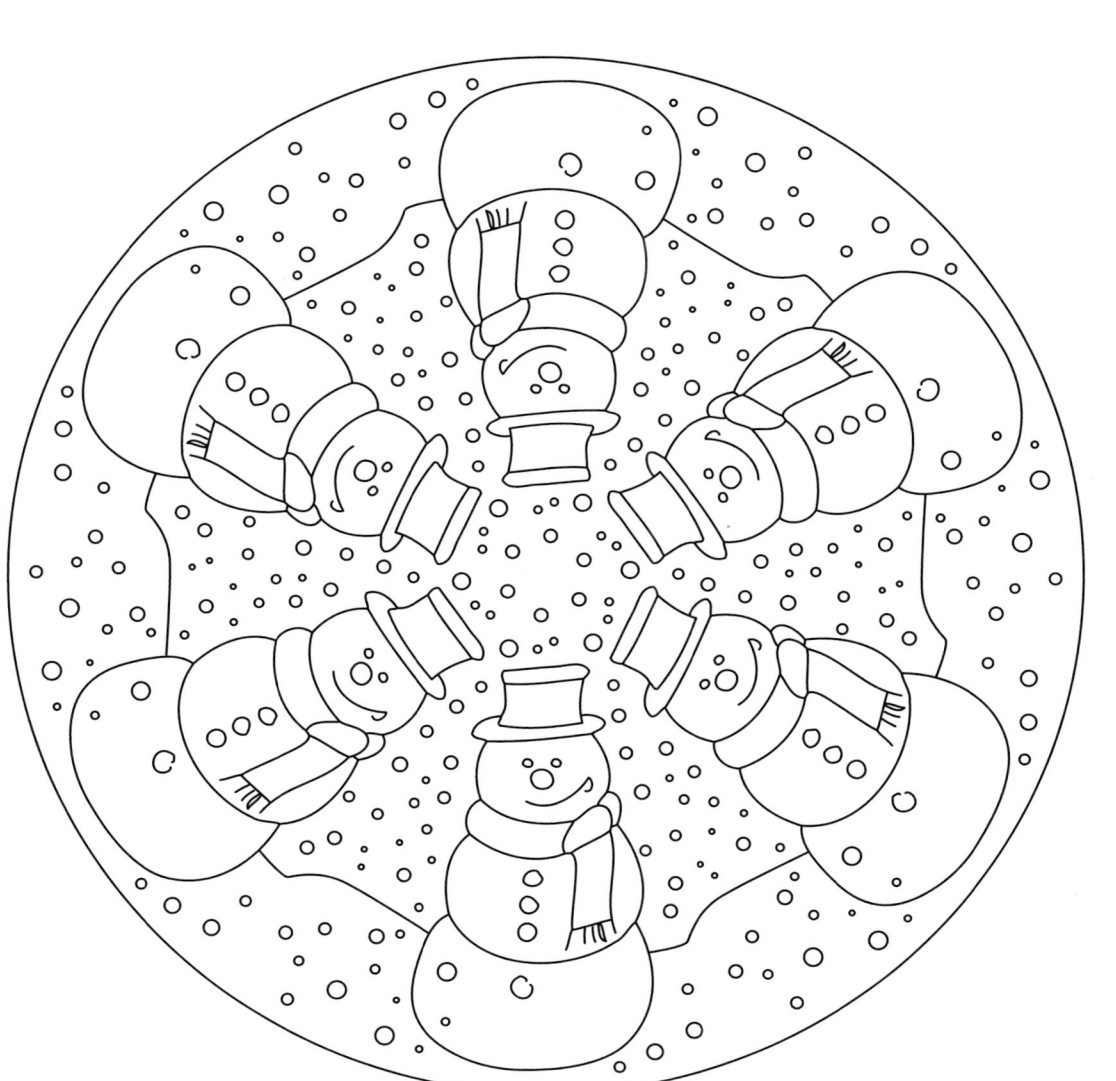

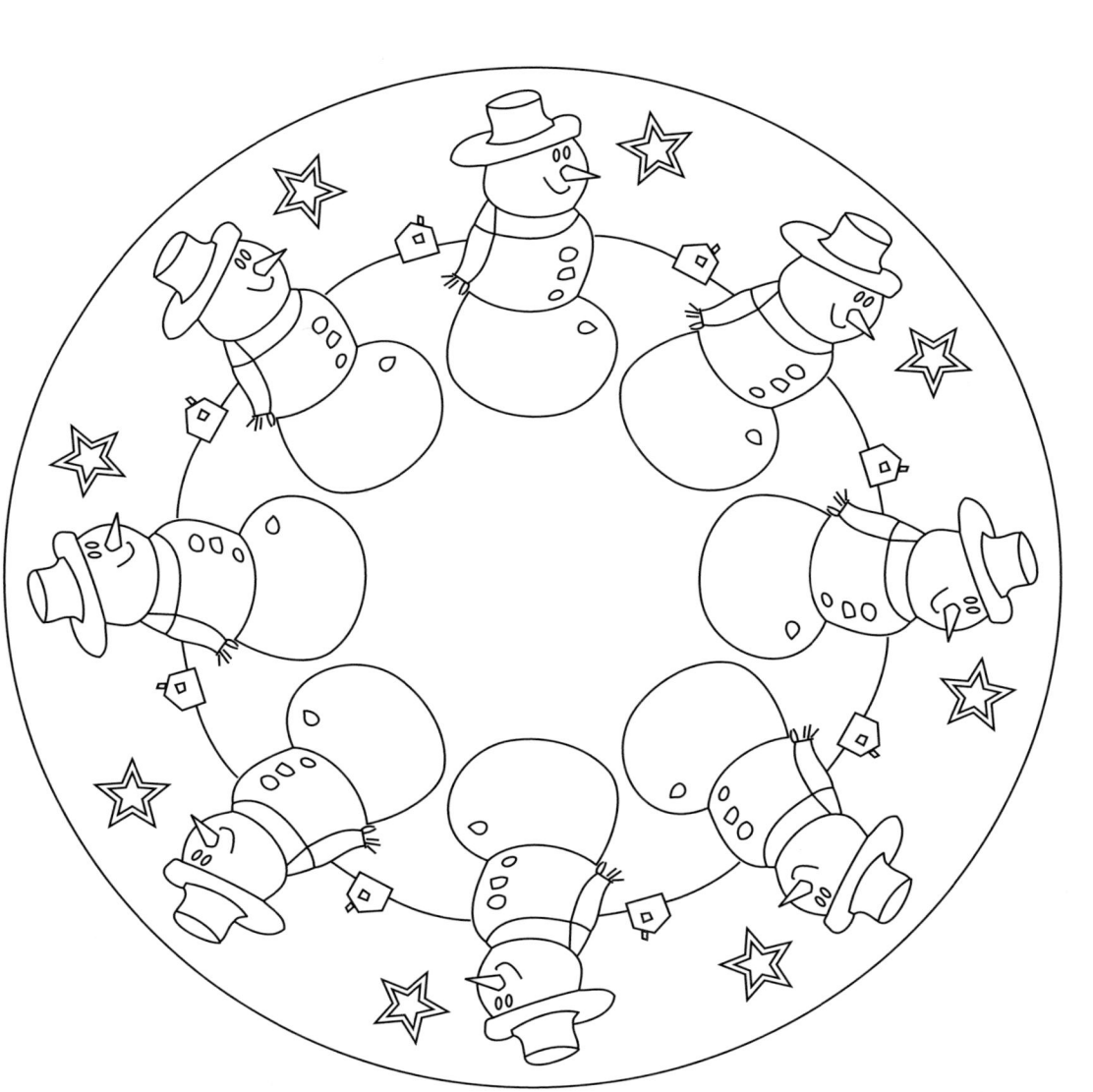

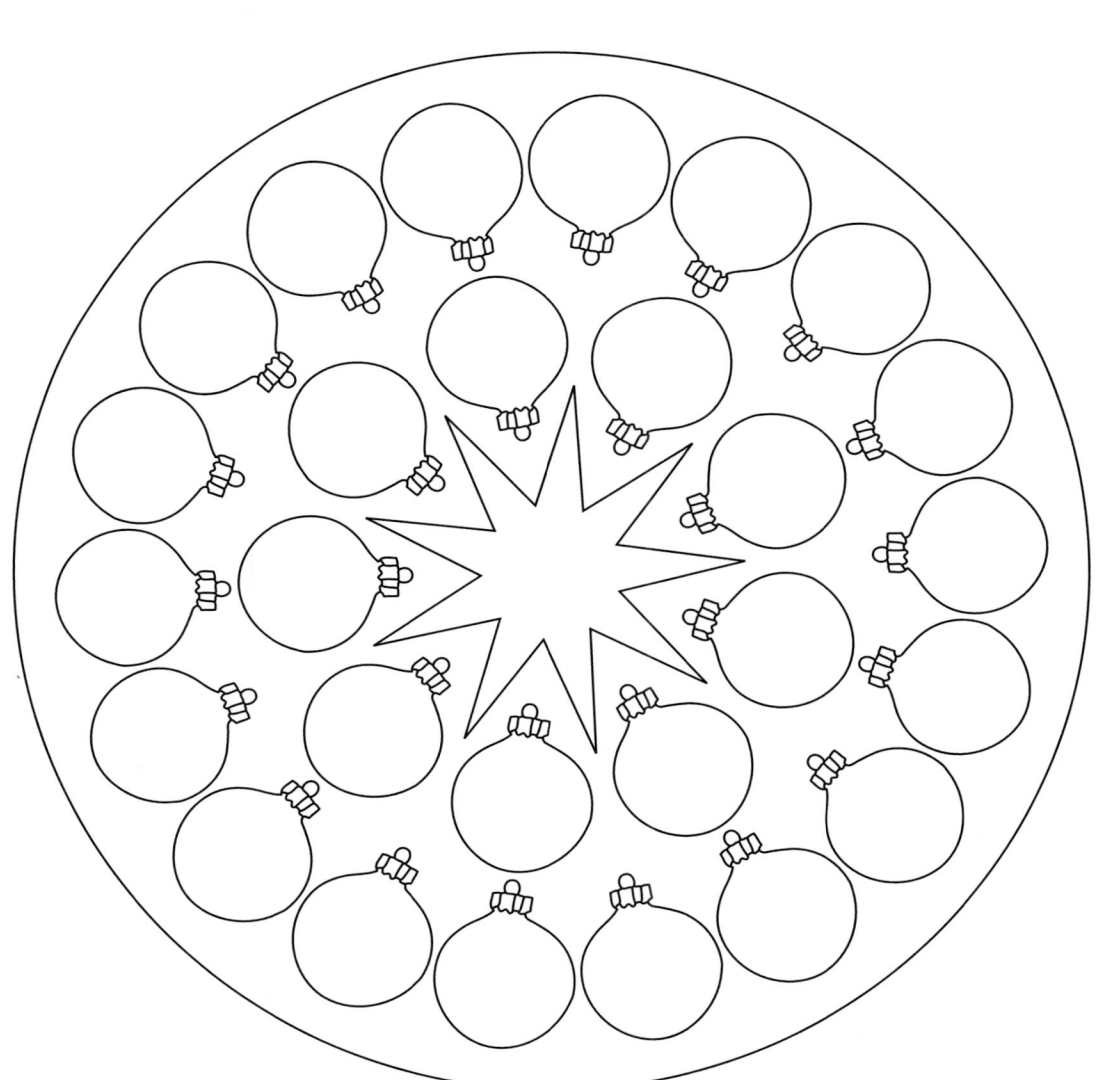

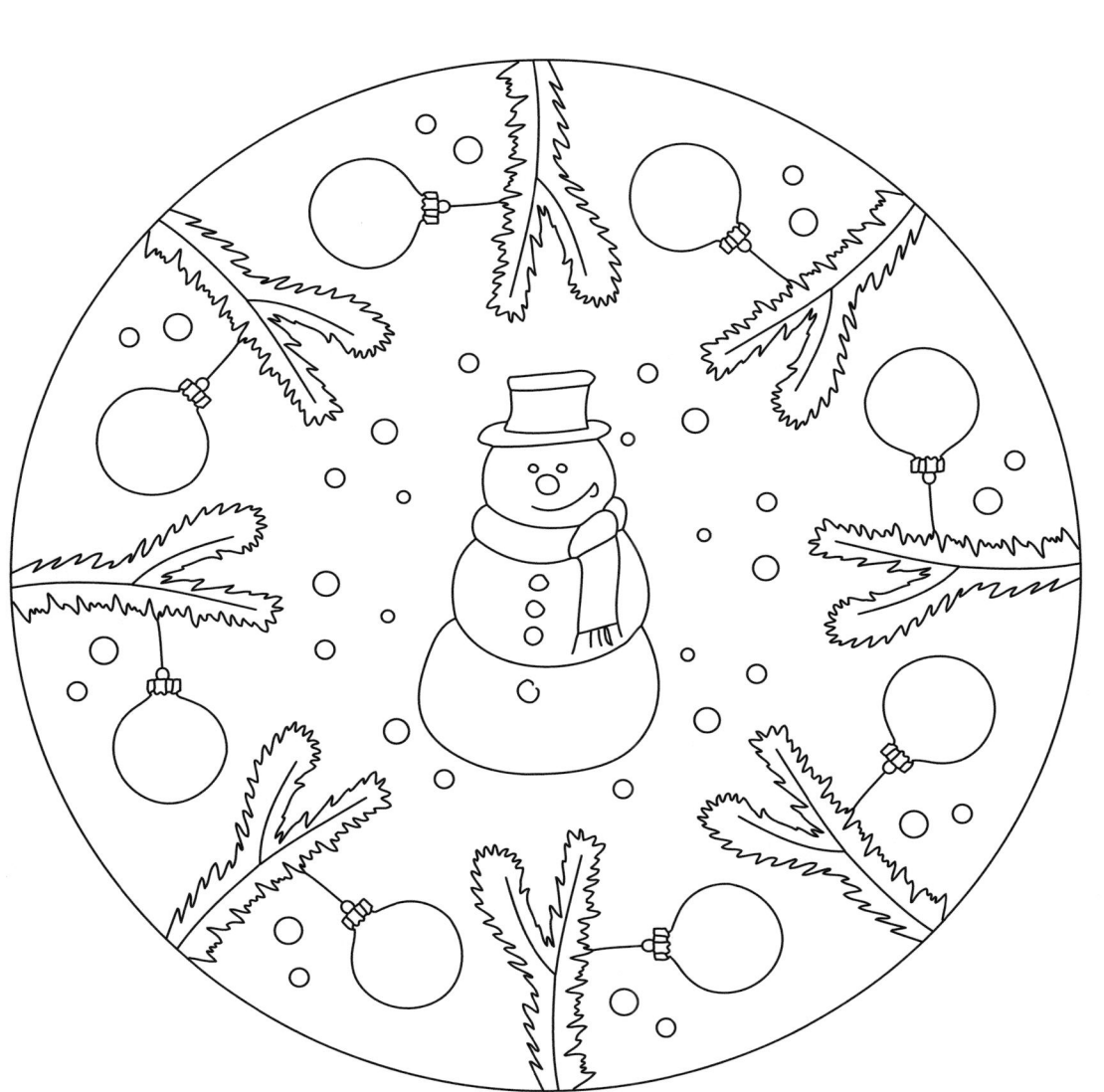